CONSIDÉRATIONS

SUR

LA CONSTITUTION

DÉCRÉTÉE LE 5 AVRIL 1814,

PAR LE SÉNAT CONSERVATEUR.

CONSIDÉRATIONS

SUR

LA CONSTITUTION

DÉCRÉTÉE, LE 5 AVRIL 1814,

PAR LE SÉNAT CONSERVATEUR.

Veritas illustrata pateat!

LACT.

PAR J. S***.

A PARIS,

CHEZ CHARLES, IMPRIMEUR, RUE DAUPHINE

N°. 36.

1814.

CONSIDÉRATIONS

SUR

LA CONSTITUTION

DÉCRÉTÉE, LE 5 AVRIL 1814,

PAR LE SÉNAT CONSERVATEUR.

~~~~~~~~~~

SÉNATEURS,

LE magnanime empereur de Russie vous avait chargés de la mission la plus auguste que l'on puisse donner à des hommes, celle de proposer une Constitution au peuple français. Vous venez de prouver que vous étiez indignes de la confiance de ce puissant monarque ; mais vous n'avez pas trompé notre attente.

Nous savions que l'opinion publique distinguait dans vos rangs quelques hommes bien intentionnés, auxquels on ne faisait d'autre reproche que celui de rester parmi vous, et (nous le disons à regret) celui beaucoup plus grave de recevoir comme vous, l'horrible prix des malheurs, de l'oppression, des larmes et du sang des Français; nous savions que ces hommes n'avaient jamais donné leur adhésion aux mesures atroces chaque jour proposées par le tyran que vous

1*
~~~~~~~~~~

serviez lâchement ; mais nous savions aussi que leur infructueuse opposition n'avait pu préserver la France d'aucune des innombrables et affreuses calamités dont votre servile obéissance l'a constamment frappée. Nous étions intimément persuadés que la charte constitutionnelle, qui sortirait de vos mains, porterait nécessairement le cachet des passions, qui, jusqu'à ce jour, avaient dicté tous vos actes. Tant il est vrai que d'une source impure il ne peut découler qu'une eau fétide et empoisonnée.

Effrayés des excès de toute espèce, qui depuis un quart de siècle couvrent la France de deuil, de sang et de ruines, excès auxquels vous avez tous plus ou moins participé, vous avez craint que le jour de la justice ne fût enfin arrivé ; vous avez redouté le retour du roi. Etrangers aux sentimens de bonté, de clémence, de générosité, dont l'âme de ce vertueux prince est un brûlant foyer, vous n'avez pu concevoir qu'il lui fût possible de pardonner aux artisans des malheurs de son peuple chéri ; vous avez suspecté la sincérité des promesses solennelles qu'il a faites, qu'il a répétées plusieurs fois, d'oublier entièrement le passé ; vous avez voulu le lier par des sermens. Votre soi-disant Constitution est une véritable transaction que vous osez faire avec le monarque, que le vœu unanime du peuple français vous force de rappeler. Examinons-le, ce squelette de Constitution rédigée, discutée et adoptée en trois jours ; nous y verrons que vous n'avez eu d'autre but que celui de stipuler vos intérêts, et point du tout ceux de la nation, dont vous prétendez être les représentans, et dont en cette qualité vous auriez dû défendre les droits : nous y verrons que plusieurs de ses *vingt-neuf* articles ne concernent que vous et vos amis ; que plusieurs autres n'y sont insérés que dans l'intention bien marquée d'augmenter le nombre de ceux dont vous espérez vous faire un appui ; mais qu'aucun ou presque aucun n'a de rapport ni direct ni indirect à l'intérêt, au bonheur du peuple français ; enfin, que vous donnez implicitement au roi la plus grande étendue de pouvoir, pour en obtenir à votre tour la conservation de votre existence sénatoriale. Insensés ! Que vous connaissez peu le digne petit-fils du bon Henri ! Les cruelles leçons du malheur lui ont appris qu'un trône fondé sur l'oppression et l'esclavage des peuples est toujours chancelant, tandis que celui dont les bases reposent sur la liberté de la nation, est inébranlable. Louis XVIII ne désire remonter sur le trône de ses illustres aïeux que pour rétablir le peuple français dans la jouissance pleine et entière de tous ses droits.

Art. 1er. *Le gouvernement français est monarchique et héréditaire de mâle en mâle par ordre de primogéniture.*

Vous n'ignorez pas qu'il est deux sortes de monarchies, l'une *tempérée*, l'autre *despotique*. Si vous eussiez pensé à la nation plutôt qu'à vous, si vous ne vous fussiez pas mis à sa place, vous auriez d'abord déclaré, *au nom du peuple français*, qu'il veut une monarchie *tempérée* ou *limitée*. Le reste de l'article aurait été renvoyé au suivant, ou, ce qui eut mieux valu, vous en auriez fait un article particulier, dans lequel, après avoir dit que la couronne de France est héréditaire de mâle en mâle par ordre de primo-géniture, vous auriez déclaré formellement que les femmes en sont exclues pour toujours, et ne pourront y prétendre dans aucun cas, même dans celui où la royale famille de Bourbon viendrait à s'éteindre. Cette dernière clause eut nécessité un autre article, pour, le cas arrivant de l'extinction de la maison de Bourbon, déterminer et régler le mode d'élection d'un nouveau roi : car une bonne Constitution embrasse l'avenir comme le présent. Ses auteurs doivent ressembler à ce bon père de famille, qui, dans sa vieillesse, plante un arbre dont il sait bien ne pouvoir jamais recueillir les fruits.

Art. 2. Le peuple français appelle librement au trône de France Louis-Stanislas-Xavier de France, frère du dernier roi, et après lui les autres membres de la maison de Bourbon, dans l'ordre ancien.

OUI, sans doute, la France entière, lasse d'être la victime de tous les genres de tyrannies, qui depuis cinq lustres, pèsent sur elle, saisit avec empressement l'occasion si désirée, si long-temps attendue de briser ses honteuses chaînes. Elle veut que le trône de ses anciens rois soit relevé ; elle veut que ce trône, à l'abri duquel elle a joui de tant de siècles de gloire et de bonheur, appartienne et continue d'appartenir aux descendans de St.-Louis, de Henri IV, de Louis-le-Grand. Mais pour ne rien insérer dans la charte constitutionnelle, qui puisse rappeler des temps désastreux dont il serait à souhaiter que le souvenir pût entièrement s'effacer de la mémoire des hommes, pour ne point parler de l'infortuné fils unique de Louis XVI, car Louis-Stanislas-Xavier ne peut prendre le nom de Louis XVIII, s'il succède immédiatement à Louis XVI, il vaudrait peut-être mieux que cet article fût ainsi rédigé : *le peuple français reconnaît pour roi de France Louis-Stanislas-Xavier de Bourbon.* Le reste de l'article est inutile, puisqu'il a déjà été dit que le trône est héréditaire, etc.

Art. 3. *La Noblesse entière reprend ses titres.*

LA noblesse ancienne avait donc été privée de ses titres, puisque vous l'autorisez à les reprendre ; car en bonne logique, on ne peut recouvrer que les choses perdues. Il faut donc nécessairement, si vous voulez être compris par nos neveux, rappeler la loi révolutionnaire, qui ordonnait aux anciens nobles d'abandonner leurs titres. Une pareille disposition, qui serait un monument éternel de la démence démagogique, ne doit pas se trouver dans l'acte constitutionnel, à moins que vous n'ayez l'intention et l'espoir de nous donner, encore une fois, une Cons·

titution aussi précaire que toutes celles dont vous nous avez gratifiés depuis vingt-cinq ans.

La nouvelle (noblesse *) conserve les siens hérédi-tairement.*

Qu'entendez-vous par votre nouvelle noblesse? Est-ce celle acquise par nos braves au prix de leur sang? Et nous aussi, nous pensons qu'ils doivent conserver leurs titres; mais pour leur propre intérêt, pour faire oublier à jamais la main usurpatrice qui leur a conféré ces titres, pour que les anciens nobles s'empressent de les recevoir dans leurs rangs et que toute ligne de démarcation s'efface entre eux, il faut que Louis XVIII leur décerne des lettres de noblesse, de nouveaux titres, dignes récompenses des brillans services qu'ils ont rendus, non au tyran, mais à la patrie. Ce sage monarque saura bien les distribuer à chacun suivant ses mérites; c'est d'ailleurs une prérogative royale que personne ne peut lui contester, et que l'usurpateur s'était illégalement arrogée. Quant aux autres prétendus nobles, qui ne doivent les titres, dont ils sont honteusement décorés, qu'à leur dévouement sans bornes aux volontés du tyran, à leurs basses et dégoûtantes adulations, au sacrifice volontaire qu'ils lui avaient fait de tout sentiment d'honneur et d'humanité, ou d'une partie de leur or, fruit de leurs rapines et de leurs brigandages, ceux-là sans contredit ne peuvent jamais être comptés parmi les patriciens. Oublions l'infamie dont ils se sont couverts; mais qu'ils rentrent pour toujours dans le néant, d'où ils ne sont sortis que pour le malheur de leur patrie. S'il en est cependant parmi ces nouveaux nobles, non militaires, quelques-uns qui, par de vrais services, aient bien mérité de leur pays, qu'ils aient toute confiance en la justice du roi, il saura bien les distinguer et les maintenir dans la jouissance de leurs titres par des lettres de noblesse.

La Légion d'honneur est maintenue avec ses prérogatives. Le Roi déterminera la décoration.

Ma précédente observation, relative à la nouvelle noblesse, s'applique entièrement à cette dernière disposition de l'art. 3. J'ajouterai ici que cet article tout entier n'est point de nature à faire partie de la Constitution, parce que, dans quelques années, il serait tout au moins inutile. La charte constitutionnelle ne doit point contenir des clauses de circonstances. Il faut que tout y tende vers un but unique, l'intérêt, la gloire, le bonheur de la nation; il faut qu'en réglant les prérogatives, les obligations, les fonctions de chaque autorité, de chaque citoyen, cet acte soit applicable à tous les temps, et sacré comme l'arche sainte. Il ne doit être permis d'y toucher qu'à une époque fixe, très-reculée et dans des formes rigoureusement déterminées par lui-même. Si une autorité quelconque ou des autorités réunies pouvaient, à leur gré, l'altérer, le modifier, comme vous ne cessiez de le faire par vos décrets arbitraires, ridiculement appelés *sénatus-consultes organiques,* en moins de dix ans la nation n'aurait plus la Constitution adoptée par elle, mais bien une Constitution nouvelle, peut-être entièrement opposée à ses intérêts et à sa volonté.

Art. 4. *Le Pouvoir exécutif appartient au Roi.*

QUEL pitoyable laconisme! Eh! en quoi consiste ce pouvoir exécutif? quels sont ses attributions, ses priviléges? quelles sont ses restrictions, ses limites? Il nommera sans doute les ministres, les conseillers d'état, les consuls, etc. Aura-t-il le droit de déclarer la guerre, de conclure la paix, de faire des traités de commerce, d'accorder des subsides? Pourra-t-il disposer à son gré des forces de terre et de mer, des revenus de l'état, aliéner une partie du territoire national, du territoire français; s'absenter sans le consentement des représentans de la nation; admettre à son gré des troupes étrangères dans le royaume? Et la dotation du monarque et de sa famille! Et l'éducation de l'héritier présomptif! Et les minorités! Et les régences! etc., etc. Pas un mot, pas un seul mot de tout cela dans votre constitution improvisée. Si vous avez cru que le pouvoir exécutif était suffisamment défini dans quelqu'une de vos précédentes constitutions; si vous avez prétendu ne rien abroger de ses dispositions sur tous ces objets de la plus haute importance, encore fallait-il le dire. Avez-vous craint d'être prolixe dans la rédaction de la loi fondamentale de l'Etat? Je ne le crois pas. Vous n'ignorez

point, vous qui avez une si longue habitude des constitutions, que l'acte constitutionnel ne doit rien laisser
à désirer sur la division des pouvoirs ; que tout ce
qui concerne chacun d'eux en particulier, doit y être
fixé, précisé d'une manière claire, invariable et so-
lennelle. Quelle a donc été votre intention ? Je laisse
à d'autres le soin de l'expliquer ; mais pour n'y pas
revenir, je dois vous dire que mes observations sur
votre pouvoir exécutif s'appliquent également à votre
pouvoir législatif et à votre pouvoir judiciaire. Les
articles où vous traitez de l'un et de l'autre, sont
ausssi secs, aussi peu développés que celui consacré
au pouvoir exécutif.

Art. 5. *Le Roi, le Sénat et le Corps-législatif con-
courent à la formation des Lois.*

Dans quelle proportion chacune de ces autorités
devra-t-elle concourir à la formation des lois ? quel
sera le mode de la discussion ? quel sera celui de
l'adoption ? Si le Sénat et le Corps législatif diffèrent
d'opinion, si l'un rejette une loi proposée et déjà ad-
mise par l'autre, laquelle de ces deux chambres l'em-
portera ? ou bien chacune de ces chambres aura-t-elle
respectivement une espèce de *veto* ou suspensif ou
absolu l'une sur l'autre ?

*Les projets de Lois peuvent être également proposés
dans le Sénat et dans le Corps législatif.*

*Ceux relatifs aux Contributions ne peuvent l'être
que dans le Corps législatif.*

Encore une fois, il ne doit y avoir rien de vague dans l'acte constitutionnel, rien qui puisse donner lieu à différentes interprétations. On ne voit pas assez clairement dans ces deux paragraphes qui aura le droit de proposer ou l'initiative des lois *dans* le sénat et le corps législatif, ou *dans* le corps législatif seul ; on ne sait si ce droit appartient exclusivement au roi, ou s'il appartient aussi exclusivement à chacun des membres du sénat et du corps législatif, ou enfin si le roi, le sénat et le corps législatif en jouissent également. Et puis, de quelle manière se feront les propositions ? Tout projet de loi, quel qu'il soit, sera-t-il de suite admis à la discussion ? A quelles épreuves sera-t-il préalablement soumis avant de lui consacrer un temps précieux, que les représentans de la nation ne doivent pas être exposés à employer inutilement ? etc., etc.

La sanction du Roi est nécessaire pour le complément de la loi.

Toujours du vague. On peut bien inférer de cette disposition, que le roi aura le droit de rejeter les lois présentées à sa sanction ; mais cela devait être dit explicitement. Je ne cesserai de le répéter : il ne doit y avoir rien de sous-entendu dans l'acte constitutionnel. Si donc le roi a la faculté de rejeter (ce qui ne peut être mis en question) la loi par lui rejetée le sera-t-elle pour toujours ou seulement pour un temps déterminé ? Dans ce dernier cas, comment, à quelles époques et combien de fois pourra-t-elle être repro-

duite ? Quel sera le mode de l'adoption ou du rejet ?
Quels seront les mots consacrés pour l'un ou pour
l'autre ? Combien de temps le roi aura-t-il pour
adopter ou rejeter ? Enfin, par qui, comment, dans
quel délai la loi sera-t-elle promulguée dans la capi-
tale et dans les départemens ?

Art. 6. *Il y a cent cinquante Sénateurs au moins et
deux cents au plus.*

Et qu'importe que le Sénat ait cinquante membres
de plus ou de moins, s'ils ne reçoivent aucun traitement ? Mais vous avez vos raisons pour en fixer le
nombre, et ces raisons ne sont pas difficiles à de-
viner. Vous êtes, dans le moment actuel, cent qua-
rante-trois de bon compte, sans compter les grands
dignitaires, qui étaient sénateurs-nés ; si vous restez
tous, le roi n'aura qu'un très-petit nombre de sénateurs à nommer ; vous serez donc assurés d'être en
très-grande majorité, et de tenir le monarque en tu-
tèle aussi long-temps que vous le voudrez, Dieu sait
à quelle intention.

*Leur dignité est inamovible et héréditaire de mâle
en mâle par primogéniture.*

Quoi ! c'est au dix-neuvième siècle que l'on vient
nous parler d'inamovibilité, d'hérédité, lorsqu'il s'agit
de fonctionnaires chargés par la nation de défendre
ses droits ! Qui nous garantira que les fils hériteront
toujours des talens, des lumières, des vertus qui auront mérité aux pères l'honneur de siéger dans la

chambre-haute des représentans de la nation ? N'a-t-on jamais vu des hommes d'esprit avoir des enfans imbécilles, des hommes courageux engendrer des lâches, des hommes vertueux donner le jour à dé grands criminels ? Qui nous garantira que ces sénateurs inamovibles ne se lasseront pas de veiller, ne s'endormiront pas un jour à leur poste sur la certitude de ne pouvoir être remplacés ? Qui nous garantira enfin qu'ils conserveront au même degré, dans un âge avancé, les talens, la chaleur, la force d'âme qui les avaient fait distinguer dans leur jeunesse ? Les partisans de l'inamovibilité, de l'hérédité prétendent que les élections entraînent des inconvéniens beaucoup plus graves, suites nécessaires des brigues, des cabales, des intrigues qui les accompagnent toujours. Pourquoi donc ne proposent-ils pas aussi de rendre inamovibles et héréditaires les places de représentans dans la chambre-basse ? Diront-ils que les élections de ceux-ci ne peuvent donner lieu aux mêmes inconvéniens que celles des membres de la chambre-haute? Certes l'assertion serait étrange, et ne pourrait-on point, dans ce cas, leur répliquer que des places qui réunissent et l'honneur et le profit, sont plus briguées par certains hommes que celles qui ne rapportent que de l'honneur. Est-il d'ailleurs impossible de porter des lois assez puissantes pour fermer la porte à toute intrigue, à toute corruption, ou du moins pour éloigner les intrigans, les corrupteurs ? Diront-ils que les fonctions du Corps législatif sont moins importantes que celles du Sénat? Sous ce dernier rapport, l'avantage est encore du côté de la deuxième chambre, puisque vous lui donnez une grande attribution, que vous refusez à la première, celle de proposer les lois relatives aux contributions. Ces mêmes partisans ne manquent pas de s'étayer de l'exemple du parlement d'Angleterre, de cette vieille Angleterre, qui pouvait autrefois se glorifier d'appartenir au peuple le plus libre du monde civilisé. Mais la sphère des lumières ne s'est-elle pas agrandie depuis que les Anglais ont fait leur charte constitutionnelle ; et s'ils n'étaient assez sages pour redouter toute innovation, s'ils venaient à reviser leur fameuse charte, est-il bien certain qu'ils conservassent deux chambres dans leur parlement ? Je ne prétends pas examiner lequel vaut mieux d'une représentation unique ou d'une représentation divisée en deux chambres ; mais c'est ici, je crois, le lieu d'observer que les Espagnols seuls, dans leur Constitution de 1812, ont su, en adoptant le système d'une représentation unique, éviter le danger de la permanence. En effet, que fera le Sénat dans l'intervalle d'une session à l'autre ? Il sera sans doute chargé, quoique vous n'en disiez rien, de veiller au maintien rigoureux de la charte constitutionnelle, et encore de convoquer extraordinairement le Corps législatif, si quelque circonstance imprévue rend sa présence nécessaire. Eh bien ! la députation permanente, imaginée par les Espagnols, n'a précisément rien autre chose à faire en l'absence des Cortès. Elle atteint donc le même but que votre Sénat, et la Constitution espagnole se trouve avoir un rouage de moins que la vôtre. Ce rouage , inutile pour ne rien dire de plus , ne servira peut-être qu'à entraver le mouvement de la machine à laquelle vous l'appliquez.

Ils (les sénateurs) *sont nommés par le Roi.*

C'est-à-dire le très-petit nombre dont vous voulez bien lui laisser la nomination. Je n'ajouterai rien à ma précédente observation, concernant le sénat; je n'examinerai point si des hommes, choisis par le roi , peuvent être considérés comme les députés de la nation, etc. Je raisonnerai seulement dans l'hypothèse que votre proposition de faire nommer les sénateurs par le roi sera adoptée. Dans ce cas, quelles qualités , quels titres seront exigés des candidats? A Dieu ne plaise que je pense à restraindre en aucune manière les attributions du pouvoir exécutif; mais cet objet aurait dû vous paraître d'une assez haute importance, pour mériter un certain développement.

Les Sénateurs actuels , à l'exception de ceux qui renonceraient à la qualité de citoyens français.....

Cette exception est sans contredit insérée ici pour les étrangers , qui siégent parmi vous, et que vous espérez, à la faveur de cette ruse, pouvoir y conserver , pour grossir votre phalange et rester les dominateurs du Sénat; car vous ne les croyez pas assez ennemis des dignités et des richesses , pour renoncer volontairement à une place qui leur donne à jamais les uns et les autres, et rentrer dans les rangs de leurs véritables concitoyens, où peut-être ils ne seraient plus admis. Votre espoir sera déçu. Ces étrangers appelés par Buonaparte, et venus des pays réunis par la fraude ou par la violence à son empire, ont pu alors être considérés comme citoyens français. Ils ne le sont plus aujourd'hui que cet empire est détruit, et que leurs pays respectifs sont rendus à leurs véritables souverains ; ils ne peuvent donc se placer parmi les représentans de la nation française, dont ils ont cessé de faire partie.

Sont maintenus et font partie de ce nombre. La dotation actuelle du Sénat et des sénatoreries leur appartient. Les revenus en sont partagés également entre eux et passent à leurs successeurs. Le cas échéant de la mort d'un Sénateur sans postérité masculine directe, sa portion retourne au trésor public. Les Sénateurs qui seront nommés à l'avenir ne peuvent avoir part à cette dotation.

Enfin, vous vous occupez de vous-mêmes, et vous nous donnez la mesure de votre délicatesse et de votre désintéressement. Il s'agit de vous ; rien n'est oublié, rien n'est omis, tout est prévu. Voilà, voilà l'unique but de l'acte informe que vous nous présentez ; toutes ses autres clauses se rattachent pour ainsi dire à celle-ci. C'est vous, créateurs et esclaves de Buonaparte, vous qui ne devez la dignité dont vous êtes revêtus, qu'à la seule volonté du bourreau de notre patrie ; c'est vous qui prétendez être maintenus et conserver cette dignité dans le nouveau Sénat du royaume de France, la rendre inamovible et héréditaire dans vos familles jusqu'à l'extinction de vos races, et vous approprier les faibles restes des revenus de l'Etat, en vous partageant les revenus de la dotation actuelle du Sénat et des sénatoreries! Et sur quels titres fondez-vous cette audacieuse et inconcevable prétention? quels éminens services avez-vous rendus à votre pays, pour oser demander une aussi magnifique récompense? Je vais vous les rappeler, ces titres, ces services, puisque vous semblez les avoir oubliés. Après six ans de la plus funeste des révolutions, à laquelle vous aviez presque tous pris la part la plus active, vous pressentez la chute prochaine d'un gouvernement absurde que vous-mêmes aviez inventé, et qui, tout nouveau qu'il était, tombait déjà en ruine. Le peuple français, fatigué, harrassé d'une aussi longue tourmente, était plongé dans une espèce d'engourdissement, qui le livrait sans défense à toutes vos entreprises. Vous jugez le moment favorable; dévorés d'ambition, affamés de richesses, vous formez le projet d'usurper pour toujours un pouvoir qui pût assouvir ces deux passions; mais il vous fallait un chef audacieux, entreprenant, qui disposât de l'armée et vous en fît un appui. Buonaparte se présente. Il jouissait alors d'une grande réputation militaire, réputation qu'il ne devait ni à ses talens, ni à sa bravoure personnelle, mais à ses ruses, à sa rare impudence, à sa volonté de fer, à son extrême prodigalité du sang des soldats (1). C'était l'homme qu'il vous fallait; vous fites la journée du dix-huit brumaire. C'était alors, si vous aviez éprouvé un salutaire repentir, que vous auriez dû rappeler le successeur légitime des martyrs Louis XVI et Louis XVII; notre reconnaissance eût été sans bornes, nous vous aurions voté de justes, de vifs remercimens. Aujourd'hui vous ne faites que céder malgré vous, oui malgré vous, à la force. Vous n'avez d'abord osé lever tout-à-fait le masque, vous avez feint une sorte de modération; insensiblement vous avez élevé le tyran, et vous vous êtes élevés avec lui. Enfin, vous qui naguères aviez proscrit le trône, vous l'avez porté sur ce même trône encore fumant du sang d'un monarque vertueux; vous qui naguères vocifériez contre la noblesse, les distinctions et les titres, vous vous êtes fait donner par votre empereur la noblesse, les distinctions et les titres; vous lui avez à ce prix vendu la fortune et le sang des Français. Vous l'avez aidé, secondé dans tous ses projets destructeurs de la

______

(1) Les fautes sans nombre qu'il avait faites en Egypte n'étaient pas encore connues en France. On ignorait qu'il avait seul causé la perte de tous nos vaisseaux à Aboukir; qu'il avait, par son entêtement, laissé l'élite de ses braves sous les murs de Saint-Jean-d'Acre, d'une ville qui n'a que des remparts de terre; qu'enfin, désespérant du succès d'une expédition encore plus mal conduite que mal conçue, il avait déserté de sa propre armée, et l'avait abandonnée dans un pays lointain, sans vivres, sans munitions, sans vêtemens, sans argent, et sans espoir de secours.

liberté publique et de la liberté individuelle ; vous avez approuvé, sanctionné, régularisé par vos complaisans Sénatus-consultes les mesures iniques, barbares, atroces, que son ambition, insatiable comme votre cupidité, lui suggérait, pour s'élever sur les ruines de tous les trônes de l'Europe, et mettre une couronne usurpée sur la tête de chaque membre de sa famille; vous lui avez donné, dans le court espace de dix ans, cinq millions de vos compatriotes à dévorer; vous avez avec lui trempé vos mains dans le sang de douze millions d'hommes de toutes nations; enfin vous êtes, et l'univers entier vous en accuse, les fauteurs et complices de ses innombrables forfaits. Et vous osez, grand Dieu! Vous, les complices du plus grand criminel du monde, vous osez demander des dignités, des richesses, tandis que votre digne chef serait seul puni! Quelle autre puissance que la vôtre pouvait en France opposer une digue salutaire à la lave brûlante qui sans cesse découlait de son trône infernal? L'avez-vous fait? L'avez-vous tenté? N'avez-vous pas au contraire ouvert de nombreuses et larges issues à ce torrent dévastateur? En prononçant la déchéance de Buonaparte, vous avez prononcé la vôtre : les considérans qui précédent et motivent votre décret, sont eux-mêmes votre acte d'accusation. L'horrible idole à laquelle vous veniez chaque jour sacrifier des milliers de victimes humaines, est tombée; les sacrificateurs doivent éprouver le même sort.

Art. 7. *Les Princes de la famille royale et les princes du sang sont de droit membres du Sénat.*

Je laisse à d'autres le soin d'examiner si cet article peut se concilier avec la liberté des opinions dans le Sénat, et ne porte point atteinte aux droits de la nation. Mais s'il était adopté, et que vous fussiez aussi conservés, auriez-vous l'impudence de vous asseoir à côté des princes de la maison de Bourbon ? Oseriez-vous lever les yeux sur eux ? Ne trembleriez-vous point de voir s'élever au milieu de ces princes les ombres sanglantes de Louis XVI, de son auguste épouse, de son royal fils, de son incomparable sœur ?

On ne peut exercer les fonctions de sénateur qu'après avoir atteint l'âge de majorité.

Il est sans doute quelques hommes heureusement nés, en qui les talens devancent les années, qui, à l'âge de majorité, ont acquis déjà, par une étude constante, des lumières que donne communément la seule expérience ; mais ces êtres privilégiés sont rares. Serait-il prudent de remettre entre des mains encore inhabiles le timon du vaisseau de l'Etat ? Est-il donc si peu important ou si facile de faire de bonnes lois, de veiller aux intérêts de la nation, que l'on puisse en confier le soin à des hommes à peine sortis de l'enfance ? Ne conviendrait-il pas d'exiger pour première condition d'éligibilité aux fonctions de

représentant de la nation , que les candidats eussent
atteint au moins l'âge de trente ans ?

Art. 8. *Le Sénat détermine les cas où la discussion*
des objets qu'il traite , doit être publique ou
secrète.

Les cas où la discussion devra être secrète doivent se borner à ceux où la publicité pourrait com-
promettre le salut de l'Etat. Il fallait le dire expressément , parce qu'il faut ôter même aux représentans
de la nation la possibilité de dépasser les limites que
la Constitution leur aura fixées , et qu'il pourrait résulter de grands abus de la liberté indéfinie que vous
leur donnez de rendre la discussion publique ou secrète.

Art. 9. *Chaque Département nommera au Corps lé-*
gislatif le même nombre de Députés qu'il y en-
voyait.

Ce nombre , si les députés au Corps législatif reçoivent un traitement convenable , peut-il se concilier avec les grandes économies qu'il est très-urgent
d'apporter dans les dépenses de l'Etat ? D'ailleurs ,
pourquoi toujours nous forcer à revenir sur le passé ?
Le regrettez-vous si fort que vous ne puissiez en
éloigner le souvenir ? Pourquoi ne pas déterminer dans
la charte constitutionnelle le nombre de députés que
chaque département aura le droit de nommer ?

Les Députés, qui siégeaient au Corps législatif lors du dernier ajournement, continueront à y siéger jusqu'à leur remplacement. Tous conservent leur traitement.

Clause de circonstance qui ne doit pas, ainsi que je l'ai déjà observé, être insérée dans l'acte constitutionnel. Assurément ceux de ces députés, qui une fois ont déployé un courage digne d'éloge dans un moment où il y avait vraiment du danger à le manifester, méritent des marques de gratitude de la part de leurs concitoyens ; ils doivent leur être fortement recommandés pour les prochaines élections. Mais *tous* ont-ils eu le même courage ? Oseriez-vous l'affirmer ? Ne compte-t-on pas aussi parmi les membres du Corps législatif, plusieurs adhérens du tyran ? Ceux-là ont, comme vous, perdu à jamais la confiance du peuple français ; ils doivent à jamais être rejetés de toutes fonctions publiques. Quant au traitement, vous réservant le vôtre, vous ne pouviez décemment vous dispenser de leur conserver le leur.

A l'avenir ils seront choisis immédiatement par les Colléges électoraux, lesquels sont conservés, sauf les changemens qui pourraient être faits par une loi à leur organisation.

Encore du provisoire dans une charte constitutionnelle ! Encore la porte ouverte aux abus de vos *sénatus-consultes organiques* ! Et pourquoi ne pas *organiser* tout de suite les corps électoraux ? Pourquoi ne pas déterminer tout de suite, d'une manière précise et constante, l'âge, les qualités exigées pour être électeur ou pour être député, l'époque et la durée des assemblées électorales, les fonctions, les devoirs, les priviléges, le traitement des membres de la représentation nationale, la durée de leurs sessions, etc. ? Vos Constitutions despotiques, dites *impériales*, et *p rfectionnées* par vos nombreux décrets organiques, ne contiennent rien, absolument rien qui soit applicable, qui convienne au régime d'une monarchie tempérée ; et cependant vous gardez le plus profond silence sur des objets qui doivent nécessairement faire partie de l'acte constitutionnel ! Que faut-il en conclure ? Auriez-vous l'espoir de trouver dans un prince de la maison de Bourbon....? Je m'arrête ; ma plume se refuse à achever la question.

La durée des fonctions des Députés au Corps législatif est fixée à cinq ans.

Cinq ans sont un terme bien long, surtout à présent que la France est revenue à ses anciennes limites ? Il en coûte beaucoup de rentrer dans la classe des simples citoyens, quand on a bu aussi long-temps à la coupe de l'autorité. Vous en faites, sénateurs, la triste et dure expérience. Et pas un mot du mode de renouvellement du Corps législatif ! Aura-t-il lieu en entier ou seulement par partie ? Encore une fois, c'est une Constitution nouvelle qu'il faut au peuple français ; rien ne peut, rien ne doit être pris dans les Constitutions précédentes. J'en excepte cependant

celle de 1791 , qui en grande partie aurait pu vous
servir de modèle.

*Les nouvelles élections auront lieu pour la session
de 1816.*

Pour quelles raisons renvoyer ces élections à une
époque aussi éloignée, lorsque nous n'avions encore
parcouru que le quart de l'an 1814? Vous avez sans
doute parmi les députés actuels quelques bons amis
que vous craignez d'affliger. Que ne demandez-vous
aussi que leurs places soient, comme les vôtres,
inamovibles et héréditaires! Cela est bien facile ; il
ne s'agit que de changer leur dénomination, qui,
après tout, ne leur convient pas très-bien, puisqu'ils
n'ont pas seuls le pouvoir législatif, que vous partagez
avec eux.

Art. 19. *Le Corps législatif s'assemble de droit, chaque année , le 1ᵉʳ. octobre.*

A la bonne heure. Que ce soit le premier octobre
ou le premier novembre, peu importe. Mais, je le
répète, quelle sera de droit la durée de sa session
ordinaire ? Quelles seront les formalités à observer
pour l'ouverture? Sera-t-elle faite par le roi, ou le roi
n'aura-t-il que le droit d'y assister? Le Corps législatif n'aura-t-il jamais de sessions extraordinaires? Pour
quels cas, en quelles circonstances auront-elles lieu ?
Le roi exercera-t-il seul le pouvoir de les provoquer?

*Le Roi peut le provoquer extraordinairement; il
peut l'ajourner; il peut le dissoudre; mais , dans ce*

*dernier cas, un autre Corps législatif doit être formé,
au plus tard dans les trois mois, par les Corps électoraux.*

Le roi, je ne crains pas de me répéter, sera-t-il
seul qui ait la faculté de provoquer les sessions extraordinaires du Corps législatif ? Ne peut-il pas,
dans l'intervalle d'une session à l'autre, survenir tel
événement qui rende sa présence indispensablement
nécessaire ? Dans ce cas, qui provoquera sa réunion,
si le roi ne veut ou ne peut pas le convoquer ?
Quelle charte constitutionnelle que celle où rien n'est
précisé, où rien n'est prévu ! Le roi, dites-vous,
peut, suivant son bon plaisir, ajourner, même dissoudre le Corps législatif. C'est comme si vous disiez
qu'il peut mettre sa volonté à la place de la volonté
de la nation. Et c'est vous, grand Dieu ! vous autrefois républicains forcenés, vous qui jadis vous hono-
riez du nom de *citoyens sans-culottes*, c'est vous qui
donnez au roi un pouvoir aussi étendu, un pouvoir
que n'avaient pas ses prédécesseurs à l'égard des par-
lemens, un pouvoir qui le rend maître de priver la
France, aussi long-temps qu'il lui plaira, de sa représentation nationale ! O grands faiseurs de Constitutions ! que vous savez bien imaginer tout ce qui
peut assurer la liberté de la nation, et la mettre hors
de toute atteinte de la tyrannie, s'il était dans les
choses possibles que Dieu, dans sa colère, nous en-
voyât un autre Buonaparte ! C'est avec infiniment de
peine que je rappelle ici le nom et les actes de ce ty-

ran ; mais vous m'y forcez. Ne vous souvient-il plus de l'usage qu'il a fait de ce même droit, dont vous l'aviez aussi investi , à la dernière session du Corps législatif? Vous êtes tellement incorrigibles, que vous ne pouvez profiter des leçons du passé.

Art. 11. *Le Corps législatif a le droit de discussion.*

GRACES vous soient rendues ; pour cette fois vous n'avez pas fait de nos députés une assemblée de muets. Qui se serait attendu à une pareille concession ! On s'en étonnera peut-être un jour ; c'est qu'on ignorera que vous leur restituez une propriété dont vous-mêmes les aviez dépouillés.

Les séances sont publiques , sauf le cas où il juge à propos de se former en comité général.

Voyez ma précédente observation sur l'art. 8 ; elle s'applique également au Corps législatif.

Art. 12. *Le Sénat , lè Corps législatif, les Collèges électoraux et les Assemblées de canton , élisent leur président dans leur sein.*

IL n'en était pas ainsi dans vos Constitutions impériales. L'impartialité m'impose l'obligation d'en faire la remarque , afin que l'on vous sache gré de ce retour aux principes.

Art. 13. *Aucun membre du Sénat et du Corps législatif ne peut être arrêté sans une autorisation préalable du corps auquel il appartient.*

Vous auriez pu dire en moins de mots que les

représentans de la nation sont inviolables pendant la durée de leurs fonctions. Au surplus, vous avez paraphrasé ce principe ; il n'y a pas grand mal.

Le jugement d'un membre du Sénat ou du Corps législatif, accusé, appartient exclusivement au Sénat.

Pourquoi dépouiller le Corps législatif du droit de juger un de ses membres, accusé ? Le Sénat trouverait-il bon qu'on transportât au Corps législatif le droit de juger un sénateur ? Il serait encore plus régulier de faire intervenir les deux chambres dans un pareil jugement, soit pour un sénateur, soit pour un membre du Corps législatif; bien entendu qu'il ne s'agira que des délits relatifs à leurs fonctions. Pour tous les autres, les représentans de la nation, rentrent dans la classe des simples citoyens; ils ne doivent pas être distraits de leurs juges naturels, lorsque leur inviolabilité a cessé.

Art. 14. *Les Ministres peuvent être membres soit du Sénat, soit du Corps législatif.*

Les ministres sont les agens du roi, spécialement chargés par lui de stipuler ses intérêts; ils ne peuvent l'être en même temps de stipuler les intérêts de la nation. Ces intérêts sont-ils moindres que ceux des particuliers ? Le même avocat peut-il, dans la même cause, plaider pour toutes les parties contendantes ? Les ministres doivent être inéligibles à la représentation nationale. Ils peuvent y être introduits, pour y porter la parole au nom du roi, quoiqu'il fût, à mon avis, préférable que le roi ne communiquât avec les représentans que par écrit ; mais enfin si l'on trouve convenable de les admettre, il ne faut pas du moins qu'ils puissent jamais prendre part à la délibération. Il serait peut-être même utile, pour la plus entière liberté des opinions, qu'il ne leur fût, dans aucun cas ni sous aucun prétexte, permis d'y être présens.

Art. 15. L'égalité de proportion dans l'impôt est de droit. Aucun impôt ne peut être établi ni perçu, s'il n'a pas été librement consenti par le Corps législatif et par le Sénat. L'impôt foncier ne peut être établi que pour un an. Le budjet de l'année suivante et les comptes de l'année précédente sont présentés au Corps législatif et au Sénat à l'ouverture de la session du Corps législatif.

Tout cela est rédigé d'une manière trop vague, trop générale. Les impôts sont un objet si important pour la nation qu'il y faut tout prévoir, tout établir d'une manière si claire, si précise, qu'il ne puisse rester aucun moyen, aucune ressource aux vexations, à l'arbitraire. Pourquoi n'avez-vous parlé que de l'impôt *foncier*? Prétendriez-vous que le consentement libre et formel des représentans n'est point nécessaire pour l'impôt personnel, les impôts indirects, centimes additionnels ou tous autres impôts sous quelque dénomination que ce puisse être ? Les citoyens français ne doivent pas être tenus de payer un centime , qu'il n'ait été légalement et formellement imposé par leurs représentans.

Art. 16. *La loi déterminera le mode et la quotité du recrutement de l'armée.*

Qui empêche que l'on ne pose dès-à-présent les bases du recrutement de l'armée, ainsi que celles de l'établissement d'une milice nationale, en indiquant les formalités qui devront être suivies, pour augmenter la force des armées françaises proportionnellement aux besoins de l'Etat ?

Art. 17. *L'indépendance du pouvoir judiciaire est garantie.*

Nul doute que les juges , investis du pouvoir d'appliquer la loi, ne soient aussi indépendans que les législateurs auxquels appartient le pouvoir de la faire, et le roi qui a le pouvoir de l'exécuter. Cependant les juges prévaricateurs, et il n'est pas impossible qu'il s'en trouve , doivent être punis. Comment la loi les atteindra–t–elle ? Qui les poursuivra ? Qui les jugera ? Plus coupables que les autres citoyens, il faut leur ôter tout moyen d'échaper à la vindicte publique.

Nul ne peut être distrait de ses juges naturels.

Personne ne peut le contester ; mais quelles autorités pourront d'abord ordonner l'arrestation d'un citoyen ? Sera–t–il permis de l'arrêter dans son domicile, à toutes les heures du jour et de la nuit ? Quel temps devra-t-il s'écouler au plus entre son arrestation et sa tradition devant ses juges naturels ? Quelle garantie lui donnez-vous pour le mettre à l'abri d'une arrestation illégale, arbitraire, toujours préjudiciable à sa fortune et à son honneur, ou d'une arrestation prolongée au-delà du terme permis par la loi ? Comment poursuivra-t-il l'auteur ou les auteurs de ces délits ? La liberté individuelle est un des objets sur laquelle vous deviez particulièrement porter votre attention ; à peine vous avez daigné en parler.

La peine de la confiscation des biens est abolie.

Est-ce pour tous les crimes possibles, même pour celui de conspiration contre l'Etat ? Vous auriez dû le dire, et ne jamais perdre de vue que tout doit être expliqué, que l'on ne doit pas craindre d'être prolixe dans un acte constitutionnel.

Le roi a le droit de faire grâce.

Je vous fais la même question : Le roi aura-t-il ce droit généralement pour toute espèce de crimes ?

Art. 18. *Les cours et tribunaux ordinaires actuelle-*
ment existans sont maintenus ; leur nombre ne
pourra être diminué ni augmenté qu'en vertu d'une
loi.

Que les cours et tribunaux ordinaires actuellement existans fussent spécialement tenus d'exercer leurs fonctions, jusqu'à l'installation des nouveaux tribunaux établis par la Constitution, cela était absolument nécessaire, parce que le cours de la justice ne doit jamais être suspendu. Mais vous auriez dû tout de suite organiser l'administration de la justice civile et criminelle. Il est urgent de porter la plus grande économie dans les dépenses de l'Etat; et dans le système actuel où tous les juges sont salariés par le trésor public, tout le monde convient que cette administration, telle qu'elle existe aujourd'hui, est beaucoup trop coûteuse. Il fallait donc, par la charte constitutionnelle, déterminer et le nombre des tribunaux, et leurs fonctions tant au civil qu'au criminel, et le traitement des juges. Il fallait enfin fixer les attributions de ce troisième pouvoir avec autant de précision et de développement que vous auriez dû le faire pour les deux autres.

Les juges sont à vie et inamovibles.

Cette clause est sage, en ajoutant, car rien ici ne doit être sous-entendu, sauf prévarication et forfaiture.

A l'exception des juges de paix et des juges de commerce.

Par qui, et comment ces juges seront-ils élus? Combien de temps dureront leurs fonctions? Tout cela aurait dû être spécifié.

Les commissions et tribunaux extraordinaires sont supprimés, et ne pourront être rétablis.

Il aurait mieux valu dire que ces commissions et tribunaux, véritables monstruosités dans l'ordre judiciaire, ne pourront jamais être établis dans aucun cas et sous aucun prétexte, afin de faire oublier, s'il est possible, qu'ils ont existé.

Art. 19. *La Cour de cassation, les Cours d'appel et les Tribunaux de première instance proposent au roi trois candidats pour chaque place de juge va-cante dans leur sein.*

CET article est incomplet comme tous les autres. En adoptant le mode de nomination aux places de juges, il fallait dire dans quelle classe de citoyens seraient pris les candidats; quelles qualités en se-raient exigées; quels seraient les motifs d'exclusion.

Le roi nomme les premiers présidens et les minis-tres publics des cours et tribunaux.

Est-ce, comme pour les autres juges, sur une liste de trois candidats présentés par les cours et les tribunaux ? C'est ce que vous ne dites point et ce que pourtant vous auriez dû dire. Au surplus, pour les maintenir dans toute leur indépendance, ne con-viendrait-il pas de leur donner le droit de nommer eux-mêmes les premiers présidens ?

Art. 20. *Les militaires en activité, les officiers et soldats en retraite, les veuves et les officiers pen-sionnés conservent leurs grades, leurs honneurs et leurs pensions.*

CET article, quoique de toute justice, est entiè-rement de circonstance, puisqu'il n'aura plus aucun but, et sera devenu très-inutile, lorsque les individus qu'il concerne, auront cessé d'exister : il ne peut donc faire partie de la charte constitutionnelle. Il pourrait tout au plus être l'objet d'une loi particulière ; mais en attendant qu'elle soit rendue, si on la juge nécessaire, les intéressés doivent s'en rapporter à la générosité de Louis XVIII, et avoir toute confiance dans les promesses qu'il a faites à ce sujet.

Art. 21. La personne du roi est inviolable et sacrée. Tous les actes du gouvernement sont signés par un ministre. Les ministres sont responsables de tout ce que ces actes contiendraient d'attentatoire aux lois, à la liberté publique et individuelle et aux droits des citoyens.

COMME elle est bien digérée votre Constitution ! Comme toutes ses parties sont bien à leur place ! D'abord vous traitez du pouvoir exécutif, ensuite du pouvoir législatif, puis du pouvoir judiciaire ; vous vous occupez après cela des intérêts des militaires, officiers et soldats, soit en activité, soit en retraite ; puis vous revenez encore au pouvoir exécutif dans un article très-important, et qui ne concerne que lui et ses agens. Il ne suffit pas de dire que les ministres sont responsables ; il faut déterminer comment s'exercera cette responsabilité, et quel tribunal en connaîtra. Cet objet intéresse tellement la liberté publique et individuelle, qu'il ne peut être trop développé, afin que la responsabilité des ministres ne devienne pas illusoire.

Art. 22. *La liberté des cultes et des consciences est garantie. Les ministres des cultes sont également traités et protégés.*

Assurément tous les Français applaudiront au principe énoncé dans cet article ; mais n'auriez-vous pas pu le traiter moins sèchement ? N'auriez-vous pas dû dire par qui seront nommés les ministres des différens cultes, quel sera leur traitement, par qui ils seront salariés, etc ? Plus ce qui touche aux consciences est délicat, plus il fallait vous attacher à les rassurer et à ne rien laisser de douteux, d'incertain sur tout ce qui concerne les cultes.

Art. 23. *La liberté de la presse est entière, sauf la répression légale des délits qui pourraient résulter de l'abus de cette liberté.*

Si l'on conservait cet article ainsi rédigé, il n'y aurait pour les Français d'autre liberté de la presse que celle que l'on voudrait bien leur permettre, c'est-à-dire, celle dont ils jouissent depuis un assez grand nombre d'années, d'écrire, d'imprimer sous le bon plaisir des censeurs et de la police. Si l'on veut réellement que la liberté de la presse soit *entière*, il faut préciser le point où devra finir cette liberté et où commencera la licence, ou en d'autres termes définir exactement ce que l'on entend par les abus de la presse. Là seulement seront les vrais délits que l'on pourra légalement réprimer. Par exemple : telle loi me paraît injuste, vexatoire ; tel acte , émané d'une autorité quelconque , même du roi, me semble blesser la liberté soit publique , soit individuelle , et porter atteinte aux droits des citoyens. Puis-je hautement et par écrit énoncer mon opinion sur cette loi , sur cet acte ? Puis-je les blâmer ? Puis-je les dénoncer au peuple français ? Si je le fais, aurai-je *usé* ou *abusé* de la liberté de la presse ?

Les commissions sénatoriales de la liberté de la presse et de la liberté individuelle sont conservées.

Que vous êtes bons, que vous êtes généreux de nous conserver expressément ces deux commissions dans votre Constitution ! Combien nous vous devons de reconnaisance ! Elles ont si efficacement protégé nos libertés , sous le gouvernement débonnaire de Buonaparte , que nous ne pouvons l'oublier sans la plus noire ingratitude ! Nous ne voulons pas cependant abuser de votre libéralité ; nous refusons vos présens : *Timeo Danaos et dona ferentes.* La liberté de la presse et la liberté individuelle seront suffisamment garanties , si la charte constitutionnelle ne laisse à aucune autorité des moyens d'y porter atteinte impunément.

Art. 24. *La Dette publique est garantie. Les Ventes des Domaines nationaux sont irrévocablement maintenues.*

Si les Français sont las de discordes civiles , ils

doivent soigneusement veiller à l'observation la plus entière de cet article.

Art. 25. *Aucun Français ne peut être recherché pour les opinions ou les votes qu'il a pu émettre.*

Cet article est nécessité par les trop malheureux événemens qui se sont passés depuis 1789. Il faut, comme le précédent, l'observer rigoureusement, si l'on veut rappeler la paix et la concorde parmi les Français.

Art. 26. *Toute personne a le droit d'adresser des pétitions individuelles à toute Autorité constituée.*

Vous nous aviez ôté ce droit, vous nous le rendez; autres temps, autres mœurs. Ce droit est tellement inhérent à la liberté individuelle, qu'il m'avait d'abord paru très-superflu de faire un article exprès pour l'insérer dans la Constitution ; mais en lisant cet article une seconde fois, j'ai cru entrevoir que sa rédaction prohibait tacitement les *pétitions collectives.* Si telle a été votre intention, vous auriez dû le dire formellement, et ne pas exposer vos concitoyens à violer la charte constitutionnelle, sans le savoir et contre leur volonté.

Art. 27. *Tous les Français sont également admissibles à tous les emplois civils et militaires.*

Il fallait d'abord dire que tous les Français sont égaux en droit. Voilà le principe. Votre article n'en est qu'une conséquence. Au surplus, je ne sais si je me trompe, mais il me semble que cet article est en contradiction manifeste avec ceux qui établissent un Sénat. En effet, si les membres de votre chambre haute sont nommés par le Roi ; si, comme en Angleterre, les hommes titrés ont seuls le droit d'y siéger ; si leurs places sont héréditaires, voilà bien assurément des emplois civils auxquels les simples citoyens ne seront pas admissibles. Que l'on ne me dise pas que les simples citoyens ne seront pas exclus du Sénat, puisqu'ils pourront obtenir des titres. Cela est possible à la rigueur, j'en conviens, mais cette *possibilité* est presque *impossible*.

Art. 28. *Toutes les lois actuellement existantes restent en vigueur jusqu'à ce qu'il y soit légalement dérogé. Le Code des Lois civiles sera intitulé :* CODE CIVIL DES FRANÇAIS.

CECI mérite explication. Celles de ces lois *impériales* qui se trouveront être en contradiction avec la charte constitutionnelle, ne pourront pas assurément rester en vigueur, et vous conviendrez vous-mêmes qu'il en est beaucoup de cette espèce parmi les lois commandées par le tyran et servilement rendues par ses vils complaisans. Il sera donc nécessaire et instant de reviser toutes les lois actuellement existantes, même celles contenues dans le Code civil, que vous proposez d'appeler *Code civil des Français,* et celles contenues dans le Code criminel, dont vous ne parlez pas.

Art. 29. *La présente Constitution sera soumise à l'acceptation du Peuple français dans la forme qui sera réglée.*

BIEN, pourvu toutefois que la forme que vous vous proposez de *régler*, ne ressemble en rien à celles par vous *réglées* en l'an huit et en l'an douze. Nous nous rappelons trop bien comment à ces deux fatales époques vous avez constaté le vœu du peuple français. Hélas ! s'il eût été bien recueilli, bien connu, nous aurions peut-être échappé à l'affreuse tyrannie, dont la *ligue européenne* a pu seule nous délivrer.

LOUIS-STANISLAS-XAVIER *sera proclamé* ROI DES FRANÇAIS *aussitôt qu'il aura juré et signé par un acte portant :* J'ACCEPTE LA CONSTITUTION ; JE JURE DE L'OBSERVER ET DE LA FAIRE OBSERVER. *Ce serment sera réitéré dans la solennité où il recevra le serment de fidélité des Français.*

En lisant ce dernier article de votre embrion de Constitution, on se demande pourquoi après ces mots : *Louis-Stanislas-Xavier*, vous n'avez pas ajouté ceux *de Bourbon ;* vous n'ignorez pas que c'est le nom de sa royale famille. On se demande si l'acceptation du roi devra suivre ou précéder celle du peuple français ; votre rédaction est si obscure, si ambiguë, que l'homme le plus tranchant n'oserait prononcer.

On se demande entre les mains de qui il prêtera serment verbalement ; où restera déposé celui qu'il prêtera par écrit ; qui représentera le peuple français
dans la solennité où il recevra le serment de fidélité
des Français. On se demande enfin si ses successeurs
seront astreints à prêter aussi serment, et quelle en
sera la formule ; car il ne devra pas sans doute être
conçu dans les mêmes termes que ceux que vous proposez pour le serment de Louis XVIII.

Je viens, sénateurs, d'examiner, article par article, l'acte informe, indigeste que vous nous présentez sous le nom pompeux de *Constitution*. J'ai
remarqué le vague, l'insuffisance de chacun de ces
articles ; il me reste à vous en rappeler plusieurs
autres que vous avez omis, et qui pourtant doivent
essentiellement être compris dans la loi fondamentale du royaume. Les voici en peu de mots.

Comment s'acquiert la qualité de citoyen français ?
Quelles causes peuvent la suspendre ou la faire
perdre ?

Quel sera le gouvernement intérieur et politique
des départemens, des cantons et des communes ?

Qui aura le droit de fixer le titre, la valeur des
monnaies ?

Quelles seront les bases de l'instruction publique ?
Cet objet est d'autant plus essentiel, que l'on semble,
par les impôts onéreux, par les entraves de tous
genres, dont on a depuis quelques années surchargé

l'éducation publique, vouloir en priver les enfans des citoyens peu favorisés des dons de la fortune. A quoi servent, dans l'université moderne, cette foule d'officiers à la tête desquels je mets le grand-maître, dont les forts traitemens occasionnent une dépense énorme? Les études étaient-elles plus mauvaises dans l'ancienne université, parce que de tels officiers étaient inconnus, et parce que l'instruction était presque gratuite dans nos colléges? L'université *Fontanes* est vraiment une république, dans laquelle on a multiplié à l'infini les places lucratives, pour se faire un grand nombre de partisans.

Qui sera chargé d'examiner les comptes de l'emploi des deniers publics?

Quelle sera l'organisation du trésor public, dans lequel tous les percepteurs des contributions du royaume viendront verser le produit de leurs recettes? Quelles conditions, quelles formalités seront prescrites pour les paiemens à faire par les administrateurs de ce trésor? A qui et comment ces administrateurs rendront-ils leurs comptes?

Je crois, sénateurs, avoir suffisamment démontré, non seulement que votre Constitution est très-vicieuse, mais même qu'elle est à refaire en entier. J'espère que ce grand œuvre sera confié à des hommes plus profonds ou plus désintéressés que vous. Ils n'oublieront pas surtout que l'administration publique en France est aujourd'hui la plus compliquée, la plus coûteuse qui jamais ait été connue chez aucun peuple;

ils sauront y apporter une économie commandée par les circonstances et devenue extrêmement urgente, si l'on veut pouvoir dégrever les Français d'une partie des impôts intolérables, dont leur dernier tyran les a accablés.

FIN.